PATIN
À ROUES ALIGNÉES

CATALOGAGE AVANT PUBLICATION DE LA BIBLIOTHÈQUE NATIONALE DU CANADA

Glidewell, Steve

Patin à roues alignées

(Sports extrêmes)
Traduction de : Inline skating.
Pour les jeunes.

ISBN 2-89000-606-9

1. Patinage à roues alignées - Ouvrages pour la jeunesse.
2. Sports extrêmes - Ouvrages pour la jeunesse. I. Titre. II. Collection :
Sports extrêmes (Saint-Constant, Québec).

GV859.73.G5514 2003   j796.21   C2003-941112-5

Pour l'aide à la réalisation de son programme éditorial, l'éditeur remercie :
Le Gouvernement du Canada par l'entremise du Programme d'Aide au Développement
    de l'Industrie de l'Édition (PADIÉ) ;
La Société de Développement des Entreprises Culturelles (SODEC) ;
L'Association pour l'Exportation du Livre Canadien (AELC).
Le Gouvernement du Québec - Programme de crédit d'impôt pour l'édition de livres - Gestion SODEC.

Titre original : Inline skating
Copyright © Steve Glidewell
Produit par : David West Children's Books
Recherche photographique : Carlotta Cooper
Designer : Gary Jeffrey
Éditeur : James Pickering

Première parution en Grande-Bretagne par :
Raintree, Halley Court, Jordan Hill.
Raintree est une marque déposée de Harcourt
Education Ltd.

Copyright © David West Children's Books 2003

Pour l'édition en langue française :
Adapté et traduit par : Anne-Marie Courtemanche
Révision : Marcel Broquet
Éditeur : Antoine Broquet

Pour la version française : Broquet inc.
Copyright © Ottawa 2003
Dépôt légal - Bibliothèque nationale du Québec
3e trimestre 2003

Imprimé en Malaisie

ISBN 2-89000-606-9

Remerciements
L'éditeur souhaite remercier pour leur permission de reproduire des photos :
Abréviations : h-haut, m-milieu, b-bas, d-droite, g-gauche, c-centre.

Page couverture - Corbis. Pages 3, 10-11, 11, 17bg, 19, 20h, 21 toutes, 22b, 28b, 28-29, 29bg - Chris Hallam. 4-5, 24-25b, 27g - Adam Kola. 5h, 13b, 14bg, 23g, 25g, 26h - Buzz Pictures. 6g, 7hg & hd - Hulton Archive. 6h - Karen Augusta, www.antique-fashion.com. 7b - The Kobal Collection/JVC/TV Tokyo/GAGA. 8hg, 9hd, 10, 12h, 14bd, 15h, bg & bd, 18, 20b, 22, 24h & m, 26b - Steve Glidewell. 8bg - Roces Skates. 8bd - USD Skates. 9bd - Salomon. 9bg - Able Hardware. 13h. 30 - Corbis Images. 27h, 29hd - Gilles Albuge. 28g, 29mg - Pictures Courtesy of Aggressive.com. 29bd - Jess Dyrenforth/Rollerblade.

Tous les efforts ont été faits dans le but de contacter les détenteurs de droits d'auteur du matériel reproduit dans ce livre. Toute omission sera rectifiée lors de réimpressions si avis est donné aux éditeurs.

Des définitions des termes les plus compliqués sont proposées au glossaire, en page 31.

sports extrêmes

PATIN À ROUES ALIGNÉES

Steve Glidewell

Broquet

97-B, Montée des Bouleaux, Saint-Constant, Qc, Canada, J5A 1A9
Tél. : (450) 638-3338 / Télécopieur : (450) 638-4338
Site Internet : www.broquet.qc.ca / Courriel : info@broquet.qc.ca

TABLE DES MATIÈRES

5 Introduction

6 Histoire du patin

8 Évolution du patin à roues alignées

10 Le patin aujourd'hui

12 Commencer par le commencement...

14 Équipement de protection

16 Trucs de base

18 Trucs pour experts

20 Le patinage de rue

22 Le patinage à la verticale

24 Planchodrome (skate-park)

26 Le patinage de compétition

28 Les stars du sport

30 Renseignements utiles

31 Glossaire

32 Index

PATINAGE DE RUE
Un patineur de rue glisse - ou 'grind' - le long d'une rampe avec ses patins. Tout patineur d'expérience sait évaluer le risque de chaque cascade en fonction de ses compétences. Un patineur inexpérimenté ne devrait pas tenter ce type de cascade sans un équipement de protection complet.

Introduction

Le patin à roues alignées est probablement le sport extrême le plus populaire de la planète. Dans tous les parcs du monde, dans toutes les aires de loisirs, vous croiserez des patineurs à roues alignées. Pourquoi ont-ils adopté ce sport ? Pour certains, il constitue un bon exercice. Ce sont ceux qui roulent sur les huit roues... Pour les plus ambitieux, ou les patineurs les plus 'agressifs', c'est l'euphorie que procure le fait de vaincre les obstacles proposés par les villes et les skate-parks, alors qu'ils glissent sur les rampes, les murs et les chaussées. Quelques chanceux réussissent même à gagner leur vie grâce à ce sport, en faisant la démonstration de leurs habiletés lors de compétitions enlevantes.

GRAB
Un patineur réalise un 'grab', agrippant ses patins dans les airs.

ATTENTION !
LE PATIN À ROUES ALIGNÉES PEUT S'AVÉRER UN SPORT **EXTRÊMEMENT DANGEREUX**. N'ESSAIE JAMAIS DE RÉALISER DES MOUVEMENTS **AU-DELÀ DE TES CAPACITÉS** ET PORTE TOUJOURS L'ÉQUIPEMENT DE PROTECTION APPROPRIÉ.

Histoire du patin

Le patin sur glace, sport populaire depuis des siècles, a été contrôlé par la température extérieure jusqu'à ce que les anneaux de patinage artificiels contrôlés grâce à l'électricité soient inventés. Les adeptes souhaitaient alors pouvoir patiner sur la terre ferme à l'année!

Soif de vitesse

Les premiers patins à roulettes auraient été inventés dans les années 1760. Ils étaient constitués d'une seule ligne de roues; une conception qui a prévalu pendant le siècle qui a suivi. En 1819, un Français du nom de Petitbled a commencé à produire des patins comptant trois roues sur une ligne, faits de bois, de métal ou d'ivoire. Pendant les 40 années qui ont suivi, les amateurs ont pu expérimenter ces très rudimentaires patins à roues alignées. Certains patins n'avaient que deux roues, alors que d'autres en avaient six! Non seulement était-il difficile d'effectuer des virages avec ces patins, il était en plus impossible de reculer.

Culture sur roulettes

En 1863, James Plimpton a révolutionné l'industrie en plaçant deux paires de roues côte à côte sur un patin. Ce patin était connu sous le nom de quad. Beaucoup plus faciles à contrôler, ces patins à quatre roues ont dominé l'industrie aux dépens des patins à roues alignées qui ont presque disparu à une époque. Aux États-Unis, c'est Micajah C. Henley qui commence à fabriquer des patins dans les années 1880, à Richmond, en Indiana. Il en a vendu des millions de paires et, au sommet de sa popularité, son entreprise fabriquait chaque semaine 15 000 patins de bois 'Chicago Skates'.

LES PREMIERS QUADS

Les roues des patins de Plimpton étaient de bois, supportées par des ressorts en caoutchouc.

BESOIN DE COUSSINAGE

Avant que ne soient inventés protège-poignets et genouillères, les adeptes n'avaient d'autre choix que de fabriquer leur équipement de protection !

GANGS SUR ROULETTES

Parce que les automobiles étaient si peu nombreuses, au début du XXe siècle, les rues étaient des endroits sécuritaires pour patiner - et personne ne se risquait à tenter le type de cascades que l'on voit aujourd'hui.

PLUS RAPIDE SUR TERRE

Le musical de longue durée *Starlight Express*, signé Andrew Lloyd Webber, présentait des chanteurs et des danseurs chaussant des patins à roulettes.

PATINAGE AU GRAND ÉCRAN

L'industrie du film business a vite reconnu la popularité des sports extrêmes. Le patin à roues alignées est rapidement devenu une vedette des films d'Hollywood.

Évolution du patin à roues alignées

Le patin à roues alignées a gagné en popularité au cours du XXe siècle. Dans les années 1970, les progrès technologiques ont transformé le patinage de simple hobby qu'il était, en véritable sport.

Des jours plus joyeux

La planche à roulettes, plus souvent appelée skateboard, a été carrément révolutionnée par l'invention des roues de polyuréthanne; une révolution qui s'est rapidement étendue au patin à roues alignées. Des roues robustes qui procuraient un glissement doux, et un minimum de friction. Des paladiums ont ouvert leurs portes un peu partout, proposant des planchers de danse sur lesquels les patineurs pouvaient faire la démonstration de leurs talents, au son des plus grands succès au palmarès. En 1979, des américains, les frères Scott et Brennan Olson ont fait une découverte qui allait changer du tout au tout le monde du patin. Ils ont découvert une paire de patins à roues alignées antique et ont décidé de copier le concept, en y ajoutant des roues en polyuréthanne. Le nom de leur entreprise, Rollerblade, est rapidement devenu un synonyme de patin à roues alignées.

ROUES

La dureté des roues est mesurée grâce à l'échelle duromètre. Plus la dureté au duromètre est élevée, plus la roue performe sur les surfaces.

1819 roues alignées

Les tout premiers patins inventés étaient munis de roues sur une même ligne, tout comme les patins à roues alignées d'aujourd'hui. Monsieur Petitbled affirmait en 1819 que, grâce à ses patins, les amateurs pourraient réaliser les mêmes performances sur la terre ferme que sur la glace pourtant, ses patins rendaient les virages difficiles.

Botte souple, style moderne

GUIDE no 1

Ce patin aux grosses roues est préférable pour patiner sur des surfaces planes.

CONFIGURATION DES ROUES

Lorsque des patineurs ont eu la première fois l'idée de glisser ('grinder', en bon français...) le long de murs ou de rebords, ils ont retiré les deuxièmes et troisièmes roues de leurs patins, et les ont remplacées par de petites roues conçues pour les planches à roulettes. Des roues spécialement conçues pour glisser ont dès lors été fabriquées; elles étaient plus petites et très dures. Ceci pour ne pas bloquer sur la surface de glissage et pour éviter que le patineur ne colle en plein glissage.

Ce patin est caractérisé par une configuration 'agressive', soit pour glisser.

BOTTES

Lorsque le patin a fait ses débuts, il n'existait qu'un type de botte : la botte rigide. En ce début du XXIe siècle, il en existe trois types.

Botte rigide

Bottes rigides Les bottes rigides sont faites d'une coquille de plastique dur. Elles offrent un très bon soutien, idéal pour les manoeuvres en glissant.

Bottes souples Ces bottes sont très souples et flexibles. Elles ont un squelette extérieur (exotech) qui soutient vos chevilles.

Bottes hybrides Les bottes hybrides sont un mélange de sections rigides et de sections souples. Les sections rigides assurent le soutien alors que les sections souples offrent la flexibilité nécessaire à la réalisation de certaines manoeuvres.

Botte hybride

Petites roues
surélevées
en plastique

Espace de
glissement

Châssis

Châssis

Le châssis est fixé au dessous de la botte. C'est lui qui retient les roues. Tous les principaux fabricants de patins se sont mis d'accord sur la manière de fixer les bottes au châssis, permettant ainsi à chacun de personnaliser à souhait les châssis et les roues sur ses patins.

Patiner aujourd'hui

Lorsque tous les patins à roulettes ne comptaient que quatre grosses roues, les manoeuvres exécutées par les patineurs d'aujourd'hui étaient alors impossibles. Les adeptes se promenaient, faisaient du patinage libre... Le patinage agressif que l'on connaît aujourd'hui se divise en trois principaux styles : rue, vert (verticale) et skate-park.

Patinage de rue

L'idée du patinage de rue est la 'conquête' des rues. Mais c'est aussi une manière de se mettre au défi face à ses obstacles. Rampes, escaliers, rebords - tous ces éléments font partie du terrain de jeu urbain du patineur. Une discipline pleine de défis parce que les patineurs doivent être conscients des dangers qui les entourent, soit la présence des automobiles et des piétons. Si un patineur circulant à pleine vitesse entre en collision avec un piéton, le résultat peut en être fatal. Il est donc essentiel de respecter ceux qui t'entourent. Si les patineurs abusent au point d'être considérés comme une nuisance à certains endroits, le patinage y sera probablement interdit...

GLISSER SUR RUE (STREET GRIND)

Un patineur glisse le long d'une rampe dans un quartier urbain à appartements. Les patineurs qui décident de ne pas porter d'équipement de protection prennent de grands risques.

Patinage sur 'vert'

On retrouve généralement les rampes verticales dans les skate-parks. Un peu comme un demi tuyau, ces rampes ont la forme d'un U. Au plus haut de la rampe se trouve un mur vertical sur lequel tu peux réaliser des manoeuvres spectaculaires. Les rampes verticales comptent environ 3 mètres de hauteur et environ 8 mètres de largeur. Beaucoup d'habileté, de pratique et de courage sont nécessaires pour aborder une rampe verticale. Le patinage à la verticale est sans contredit la discipline la plus remarquée de ce sport. Elle est d'ailleurs souvent présentée lors de spectacles et autres événements publics.

ATTRAPÉ INVERSÉ 'INVERT GRAB'

Patineur effectuant un attrapé inversé 'invert grab' sur une rampe verticale (voir page 18).

Skate-park

On compte aujourd'hui des skate-parks dans de nombreuses villes. C'est l'endroit de prédilection des adeptes du skate-board, du BMX et du patin à roues alignées. Ces parcs sont aussi bien de petites installations extérieures gérées par la municipalité que des immenses parcs intérieurs où l'on peut patiner toute l'année. Les skate-parks comptent des rampes fabriquées de main d'homme qui t'invitent à relever le défi, et les plus importants parcs ont même du personnel qualifié qui peut te conseiller sur tes techniques de patinage, et même t'apprendre quelques nouvelles manoeuvres.

✋ GLISSER AU SKATE-PARK 'SKATEPARK GRIND'

En plus de rampes, les skate-parks proposent de nombreux obstacles qui se retrouvent sur la rue, comme ce rail.

Lorsque l'on chausse des patins la première fois, l'impression est étrange. Il suffit alors d'apprendre les rudiments, soit comment se tenir debout et bouger, pour accroître la confiance en soi.

Premières étapes

Il est primordial d'être à l'aise en te tenant debout sur tes patins avant de tenter de te déplacer. Une surface idéale pour ces premiers essais serait un tapis ou de l'herbe et qui facilitent la pratique de l'équilibre. Si tu tentes de marcher avec tes patins comme s'ils étaient des chaussures, tu t'habitueras plus facilement à eux.

NE PAS BRÛLER LES ÉTAPES!
Suivre un cours pour débutant est une façon éprouvée d'apprendre les fondements du patinage et de rencontrer d'autres patineurs.

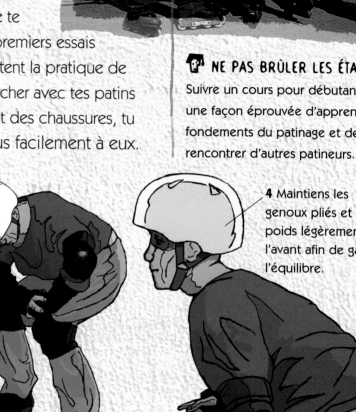

1. Pour te lever, tu peux t'appuyer sur les mains et les genoux, avec seulement le bout de tes patins qui touchent le sol.

2. Alors que tu pousses un genou vers l'avant, les roues entreront en contact avec le sol. Soulève le genou et place tes deux mains dessus.

3. Mets le poids sur ton genou et pousse avec tes mains. Tu te lèveras progressivement de cette façon et l'autre jambe suivra naturellement.

4 Maintiens les genoux pliés et ton poids légèrement vers l'avant afin de garder l'équilibre.

GUIDE no 3

COMMENT CHUTER

Si tu sens que tu vas perdre l'équilibre, il est préférable de tenter de contrôler la chute. La chute la plus courte est vers l'avant, soit sur tes protège-genoux, les mains devant. Si tes genoux sont pliés, l'impact sera d'autant amorti.

Chutes vers l'avant
Protège ton visage en amortissant une partie de l'impact grâce à tes protège-coudes.

Chutes vers l'arrière
Essaie de te retourner pour faire face à la chute. Essaie aussi de ne pas bloquer tes mains derrière toi.

Mouvement

Une fois que tu auras suffisamment confiance pour te tenir debout, tu pourras commencer à glisser lentement sans soulever les patins. Pour te diriger dans une direction précise, positionne le patin avant dans cette direction en poussant vers l'avant avec ton patin arrière. Essaie de ne pas ralentir en t'appuyant vers l'arrière : tu risques de tomber par derrière et de te blesser dans la région du bas du dos; une blessure très commune mais pas moins souffrante chez les patineurs.

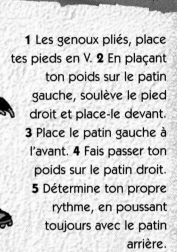

🐕 DU POINT A AU POINT B

Les patineurs d'expérience utilisent leurs patins comme mode de transport pour se rendre rapidement du point A au point B.

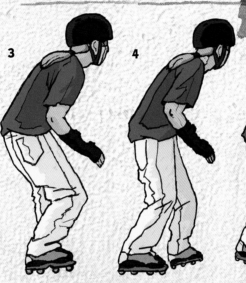

1 Les genoux pliés, place tes pieds en V. **2** En plaçant ton poids sur le patin gauche, soulève le pied droit et place-le devant. **3** Place le patin gauche à l'avant. **4** Fais passer ton poids sur le patin droit. **5** Détermine ton propre rythme, en poussant toujours avec le patin arrière.

GUIDE no 4

VIRAGE EN A

C'est généralement la première technique de virage apprise par les débutants. Le truc consiste à savoir comment faire passer le poids d'un patin à l'autre.

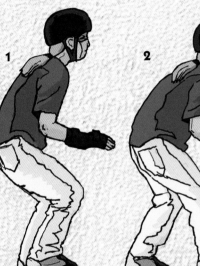

1. Patine lentement vers l'avant en gardant les jambes écartées.

2. Pour virer à droite, transfère le poids au patin gauche.

3. Tente de pousser le talon de ton patin gauche vers l'extérieur et tes orteils vers l'intérieur, sans soulever les roues.

4. Retransfère ton poids et pousse vers l'avant.

Freinage

Au début, tu patineras probablement suffisamment lentement pour t'arrêter dès que tu cesseras de pousser. Pour freiner à l'aide du frein au talon, tu dois placer ce patin à l'avant. Pointe tes orteils vers le haut et laisse le frein entrer en friction avec le sol. Appuie progressivement sur ton talon tout en conservant ton équilibre.

🐕 PATINER À LA PLAGE

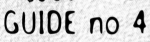

Les longues et larges promenades qui s'étirent le long de certaines plages ont toujours été très populaires chez les patineurs à roues alignées.

Équipement de protection

Le patinage à roues alignées implique de nombreuses chutes, surtout si tu es débutant. Il est d'ailleurs virtuellement impossible d'éviter quelques égratignures. C'est pourquoi il est si important de porter un équipement de protection complet.

Chuter et se relever

Les patineurs les plus expérimentés atteignent des vitesses impressionnantes sur leurs patins, du moins plus impressionnantes que celles d'un skateboard, par exemple. Et lorsqu'un accident survient, il y a souvent peu de temps pour réagir. Même si tu ne fais que te promener dans un parc, tu devrais toujours essayer d'imaginer la pire chute possible, et te protéger contre cette chute. Tes genoux, tes coudes, tes poignets et ta tête sont les parties de ton corps qui risquent le plus. Si tu portes un équipement de protection, tu trouveras probablement que ta technique s'améliore puisque tu n'es plus aussi nerveux.

🚼 À PLEINE VAPEUR

Les joueurs de hockey à roues alignées portent un équipement complet en cuir (à l'image de celui que portent les coureurs en motocyclette) ainsi qu'un casque complet et un protège-dents.

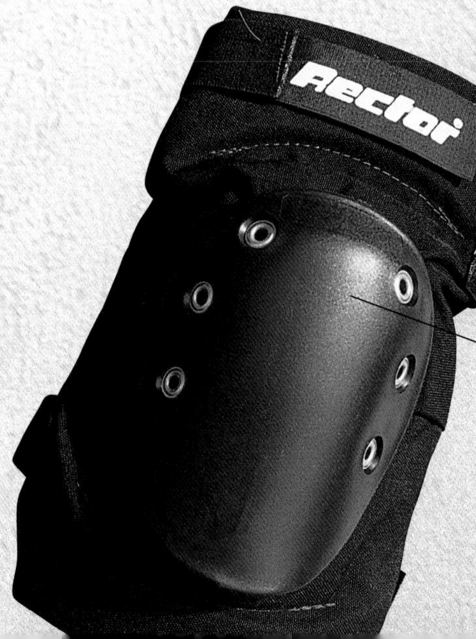

Protège-geno
Même la plus lég
chute peut s'avé
très douloureuse s
atterris sur des geno
non protég

Casque
Il est important de choisir un casque qui s'ajuste parfaitement. Remplace ton casque sans attendre s'il a subi un impact violent.

PATINEURS SUR VERT
Les patineurs qui adoptent les rampes verticales portent généralement un équipement complet. Ce patineur attrape un patin en pleine hauteur.

Protège-poignets
Ils sont faits avec une tige de plastique rigide qui absorbe l'impact en cas de chute.

Double protection pour genoux
Les patineurs sur rampes verticales portent un protège-genoux souple sous le protège-genoux moulé pour plus de protection.

Protège-coudes
Les coudes sont particulièrement exposés aux blessures. Ces coudières s'ajustent grâce à des courroies en Velcro.

Trucs de base

Dès que tu es confortable en patinant sur une surface plane, le temps est venu d'apprendre quelques trucs. Les patineurs, qu'ils soient dans la rue, sur une rampe ou dans un skate-park, utilisent tous les mêmes trucs, à la seule différence qu'ils les adaptent à l'endroit où ils se trouvent.

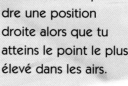

☞ SAUT DE BASE

La portion la plus importante d'un saut est l'atterrissage. Avant de t[e] lancer, assure-toi que tu ne chuteras pas à l'atterrissage.

Balance les bras vers le haut afin d'obtenir l'élan nécessaire pour quitter le sol.

Appuie tes genoux contre ta poitrine pour un saut plus rapide et plus haut.

Commence à reprendre une position droite alors que tu atteins le point le plus élevé dans les airs.

Garde tes genoux pliés et atterris avec ton poids vers l'avant, tes jambes écartées et en extension.

Sauts

Un saut est réalisé lorsque les deux patins quittent le sol. Lorsque les patineurs quittent la rampe ou se lancent de quelques marches, ils réalisent un saut. Si tu en profites pour réaliser un truc ou un attrapé alors que tu es dans les airs, le saut sera d'autant plus stylisé.

Pirouettes 'spins'

Le nom de la pirouette est en fonction du nombre de degrés dans les airs. Si la pirouette te fait atterrir de dos, c'est un 180, alors que si tu réalises un tour complet sur toi-même, c'est un 360. La pirouette la plus impressionnante à avoir été réalisée sur des patins est un 1260, soit trois rotations et demies.

☞ COMMENT RÉALISER UN 360°

En utilisant tes bras pour te donner l'élan nécessaire, fais tourner le haut de ton corps aussi vite que possible. Le bas de ton corps suivra le mouvement. Lorsque tu atteins l'apogée du saut, surveille l'endroit où tu atterriras. Plie tes genoux pour absorber l'impact.

☞ STALL

1 Saute sur l'obstacle lorsque tu en es à environ un mètre et demi. **2** Les genoux pliés, bloque les patins sur l'obstacle et garde ton équilibre avec tes bras. **3** Donne-toi un bon élan pour quitter l'obstacle.

☞ VARIATIONS DE *GRIND*

Plus tu gagnes en confiance, plus tu pourras te maintenir en équilibre pendant de longues périodes.

Stalls et grinds

Stall signifie sauter sur un obstacle, rester en équilibre immobile sur celui-ci pendant quelques secondes avant de sauter au sol. L'obstacle peut être un escalier, une bordure de la chaussée ou le rebord supérieur d'une rampe verticale (coping). Grinder c'est utiliser toute portion du patin, sauf les roues, pour glisser sur une surface. Une surface telle qu'une bordure ou une rampe, ou encore le coping (rebord supérieur) d'une rampe verticale ou d'un muret. Avant de grinder, il faut maîtriser le *stall*.

☞ MUR DE BÉTON

Il est possible de grinder sur du béton quoique cette surface est particulièrement désagréable si tu tombes.

Tu ne devrais tenter les figures expliquées dans ces pages que si tu es un patineur suffisamment expérimenté et confiant. Pour éviter les blessures, porte toujours un équipement de protection complet. Peu importe le truc ou la figure, il est important de débuter sur de petits obstacles et de passer à des obstacles plus gros au fur et à mesure que tu maîtrises les plus petits.

Flips et inverts

Les flips sont des saltos (sauts périlleux) avant ou arrière pendant lesquels ton corps entier effectue un cercle complet. Un invert est un 'handstand' (équilibre sur les mains) sur un rebord de métal, le coping ou le demi-tuyau. Pour réaliser un *invert,* tes patins sont dans le demi-tuyau comme si tu allais réaliser un saut. Lorsque tu atteins le coping et que tes patins quittent la rampe, replie-toi et place tes mains sur le coping. La partie inférieure de ton corps se retrouve vers le haut alors que tu fais face au demi-tuyau. Pour redescendre, replace tes pieds sur la rampe au moment où tu te repousses avec tes mains.

☠ 'INVERT'

Une fois l'*invert* de base maîtrisé, tu peux te tenir au coping avec une seule main ou réaliser un *grab* alors que ta tête est en bas.

☠ SALTO ARRIÈRE VRILLÉ 'BRAINLESS'

Le *brainless* est un salto arrière qui combine une vrille de 180 degrés. Ta grandeur est le meilleur guide de la hauteur à atteindre au dessus du demi-tuyau (halfpipe) pour éviter de heurter ta tête. Ta figure sera rapide et épurée si tu regroupes tes genoux et tes coudes. Tu peux ralentir la vrille en ne dégroupant pas genoux et coudes.

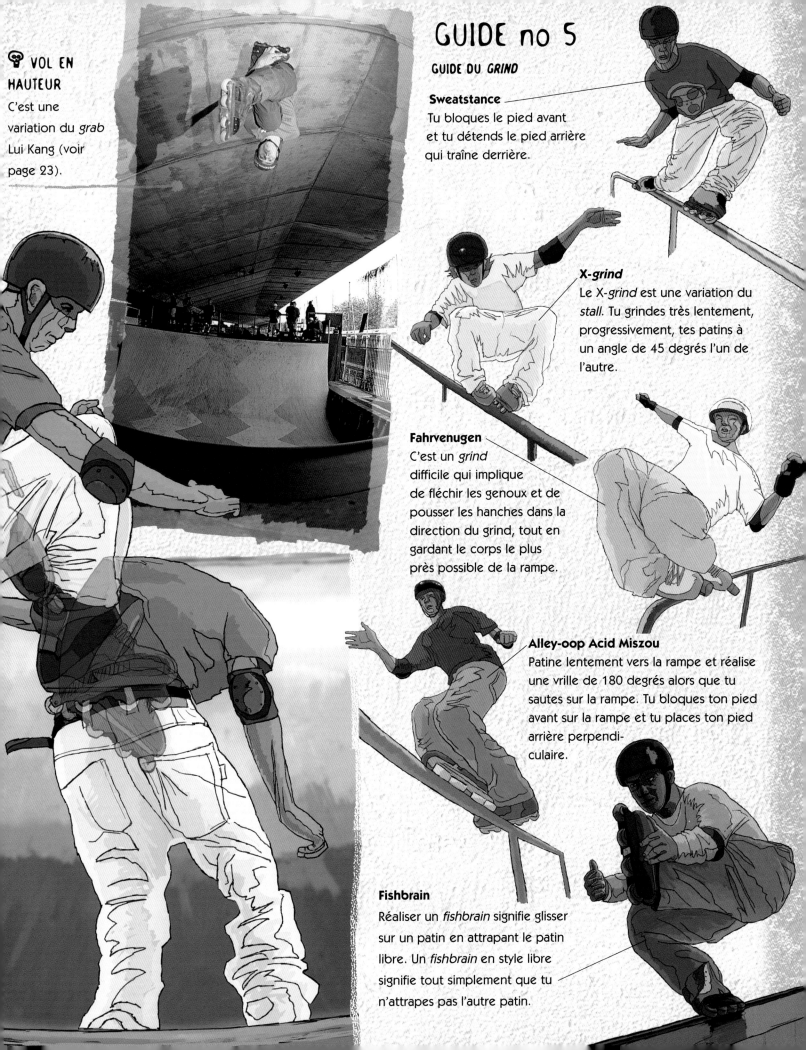

VOL EN HAUTEUR

C'est une variation du *grab* Lui Kang (voir page 23).

Sweatstance

Tu bloques le pied avant et tu détends le pied arrière qui traîne derrière.

X-grind

Le X-*grind* est une variation du *stall*. Tu grindes très lentement, progressivement, tes patins à un angle de 45 degrés l'un de l'autre.

Fahrvenugen

C'est un *grind* difficile qui implique de fléchir les genoux et de pousser les hanches dans la direction du grind, tout en gardant le corps le plus près possible de la rampe.

Alley-oop Acid Miszou

Patine lentement vers la rampe et réalise une vrille de 180 degrés alors que tu sautes sur la rampe. Tu bloques ton pied avant sur la rampe et tu places ton pied arrière perpendiculaire.

Fishbrain

Réaliser un *fishbrain* signifie glisser sur un patin en attrapant le patin libre. Un *fishbrain* en style libre signifie tout simplement que tu n'attrapes pas l'autre patin.

Patinage de rue

Le patinage de rue constitue la forme originale de patinage agressif. Avant la naissance des skate-parks, les patineurs sillonnaient les rues à la recherche d'obstacles sur lesquels sauter et de côtes à dévaler.

De nouveaux défis

Les patins comptant quatre larges roues n'étaient tout simplement pas conçus pour *slider* et *grinder*. Les roues se coinçaient partout où il était possible de *grinder* et le patineur se retrouvait par terre! La solution? Des patins aux roues minces et robustes! Le système de roues 'antirocker' a donc été inventé, constitué de deux roues plus petites et très dures, installées au centre, et légèrement soulevées pour que le patineur puisse coller aux surfaces et tourner facilement.

ALLEY-OOP

À l'aide du large écart entre les deux petites roues du milieu, le patineur réalise un grind alley-oop (vers l'arrière).

Prendre avantage du terrain

Avec l'invention du système de roues 'antirocker', le patinage agressif est né. Les patineurs de rue parcouraient les villes à la recherche d'obstacles, que ce soient des rampes, des rebords de murets ou même des trottoirs. De nos jours encore, certains patineurs n'utilisent que les rues, convaincus que c'est le seul endroit où le patinage agressif est possible. Pourtant, les skate-parks reproduisent de nombreux obstacles que l'on retrouve dans les rues... sans les risques encourus auprès des piétons et dans la circulation.

GRIND SUR RAMPE
Simon Coburn, 18 ans, fait la démonstration d'un fahrvenugen sur rampe.

GRIND SUR REBORD
Un rebord carré constitue un aussi grand défi qu'une rampe étroite.

SAUT DE MUR
L'habileté à manoeuvrer des patins à système 'antirocker' permet aux patineurs de tourner aisément pour réaliser des figures et des sauts tels ce saut de mur.

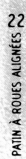

Patinage sur 'vert'

Une rampe verticale est semblable à un demi-tuyau; ils sont tous deux constitués d'une courbe vers le haut de chaque côté. Contrairement à celles du demi-tuyau, les courbes d'une rampe verticale atteignent un angle vertical.

Grinds et spins

La face verticale d'une rampe verticale mesure environ 1 mètre. C'est sur cette face que sont réalisées les figures les plus spectaculaires. Les adeptes utilisent les rampes verticales puisqu'elles permettent de patiner plus vite, et donc de réaliser des figures aériennes plus hautes, des grinds et des spins plus impressionnants. Avant de te lancer sur une rampe verticale, il est important de savoir tourner à 180 degrés et de connaître la technique permettant de patiner à reculons. Il est aussi plus prudent de commencer à patiner au bas de la rampe, plutôt qu'au haut. Un patineur sans expérience peut se blesser gravement en tombant du haut de la rampe. Les patineurs sur rampe verticale portent presque toujours une protection complète.

💀 GRAB SUR VERT

Un patineur fait la démonstration d'un *flatspin*, soit une rotation horizontale sur une rampe verticale.

💀 PLAT ET TRANSITION

Les demi-tuyaux et les rampes verticales sont généralement faits d'un produit du bois appelé masonite. La surface horizontale est appelée fond plat. L'arc courbé est la transition.

Transition

Fond plat

Double verticale

Les rampes verticales servent souvent aux démonstrations lors d'événements et de spectacles importants puisqu'elles prennent moins d'espace au sol que les installations de rue. Et les foules apprécient toujours voir des patineurs voler à 4 mètres dans les airs! Lors de certaines compétitions sur rampe verticale, les patineurs compétitionnent en paires et se trouvent sur la rampe en même temps. Les patineurs réalisent des grinds par-dessus et au-dessous les uns des autres pendant la compétition. C'est très excitant à voir, mais tout aussi dangereux à réaliser.

'AIR' SUR VERT
Les rampes verticales ont généralement une hauteur de 3 mètres. Ajoute une figure à 2 mètres dans les airs et tu te retrouves la tête dans les nuages!

GUIDE no 6

GUIDE DES GRABS

Une fois que tu maîtrises l'air, tu peux tenter quelques grabs qui te donneront du style.

Sourdine 'mute'
En position groupée, tu attrapes l'extérieur de la botte opposée.

Sécurité 'safety'
Ton bras agrippe la botte du même côté, les jambes repliées.

Lui Kang
Une jambe repliée, tu attrapes la botte alors que l'autre jambe est en extension.

Parallèle
La main droite passe devant le corps pour agripper le patin du côté opposé... ou l'inverse.

Ça! 'that'
La main qui passe devant les jambes, tu attrapes le châssis de la botte du côté opposé.

Skate-park

Dans les années 1970, les planchistes et les patineurs à roues alignées pratiquaient dans les piscines creusées... vides. Les courbes lisses du béton de la piscine étaient idéales pour rouler.

Changer les modes

Puisque tout le monde n'avait pas accès à un piscine vide, de grands *skate-parks* en béton ont été constuits. Au début des années 1980, ces sports ont perdu en popularité et plusieurs de ces parcs ont fermé leurs portes. Les patineurs de l'éqoque qui ont persévéré se sont fabriqués des demi-tuyaux en bois. Un tuyau de métal appelé 'coping' était utilisé pour constituer les rebords des rampes pour que les patineurs puissent 'grinder' au haut. D'autres obstacles ont été ajoutés afin de constituer les *skate-parks* avec installations en bois que nous connaissons aujourd'hui. De nombreuses villes ont maintenant des *skate-parks* intérieurs ouverts à l'année. On y voit même des adeptes du BMX aux côtés des patineurs et des planchistes.

🁢 LE BON VIEUX TEMPS

Les ancêtres des *skate-parks* modernes ne sont ni plus ni moins que les rampes de béton autrefois situées dans les parcs.

🁢 'GRIND' SUR VERT

Un patineur 'grinde' le long du coping (rebord métallique) d'un quart de bol dans un *skate-park*.

🁢 POUR TOUS LES GOÛTS

Les *skate-parks* sont dotés de rampes de différentes grandeurs permettant aux patineurs de tous les niveaux de se mesurer. Il ne faut jamais rester sur un obstacle pour se reposer car d'autres patineurs pourraient te heurter.

quoi s'attendre

n plus de rampes, les *skate-parks* sont équipés de rampes et de ordures qui ressemblent à celles que tu retrouves sur la rue. ans voitures et sans piétons, ces obstacles sont beaucoup plus écuritaires! De nombreux patineurs choisissent de ne patiner ue dans des environnements sécuritaires tels les *skate-parks*. 'autres adoptent les obstacles installés dans les *skate-parks* our inventer et pratiquer les figures et manoeuvres qu'ils mèneront ensuite dans la rue. Les *skate-parks* définissent énéralement des règles à savoir quand et où les amateurs euvent pratiquer. Il est bon de onnaître ces règles avant de ommencer.

MISTRAL

Un patineur fait la démonstration d'un mistral, glissant sur une rampe très lentement, dans un skate-park extérieur.

GUIDE no 7

GUIDE DE LA RAMPE

Voici des exemples de rampes les plus populaires que l'on trouve dans les *skate-parks*.

Quart de U 'quarterpipe'
Un quart de U est une rampe qui ressemble étrangement à un tuyau coupé au quart

Demi-tuyau 'halfpipe'
Équation évidente, le demi-tuyau a le double de la taille d'un quart de tuyau. Il compte une partie incurvée aussi appelée transition.

Tuyau 'fullpipe'
Un tuyau est un mur circulaire complet. Certains patineurs professionnels peuvent même patiner à l'envers dans ce tuyau.

Hanche 'hip'
Une hanche est constituée de deux pentes douces et d'un axe prononcé entre elles. On les retrouve souvent dans les *skate-parks* avec installations en béton.

Arête 'spine'
L'arête est une mince bordure divisant deux tremplins courbes en opposition, sur lesquels on peut rouler en alternance.

Le patin à roues alignées est un sport naturellement compétitif. Il existe toujours une rivalité amicale entre patineurs qui aiment se mettre au défi et impressionner les autres. Les compétitions organisées sont aussi populaires.

Trois événements

Tout comme il existe trois styles de patinage, il existe trois principaux types de compétitions. Chaque compétition, peu importe le type, met à l'épreuve le style, la créativité, la difficulté et la constance. Les compétitions ont lieu dans des *skate-parks*, sur des circuits spécialement aménagés, sur des rampes verticales ou même dans les rues.

GRIND SUR RAMPE

Les obstacles des compétitions de rue ressemblent en tous points à ceux que l'on retrouve dans la rue.

COURSE

Les patineurs de vitesse portent des combinaisons en Lycra ajustées pour être le plus rapide possible pendant les courses.

Compétition de rue

Malgré son nom, une compétition de rue prend place dans un skate-park. Les patineurs y 'grindent' sur des obstacles tels des rampes, des rails et des quarts de tuyaux. Les compétiteurs bénéficient de deux essais d'une minute chacun et tentent d'inscrire le maximum de points; le maximum étant de 100 points. Les juges sont eux-mêmes des patineurs agressifs d'expérience et ils connaissent toutes les manoeuvres. Ils savent aussi combien de points un compétiteur mérite pour sa prestation.

Compétitions sur 'vert'

Celles-ci ont lieu sur une rampe verticale. Les patineurs bénéficient d'essais de deux minutes pour utiliser la rampe au meilleur de leurs habiletés. Ils exécutent une prestation combinant grinds, manoeuvres aériennes et des spins. Des points supplémentaires sont accordés pour les manoeuvres réalisées bien au-dessus du coping.

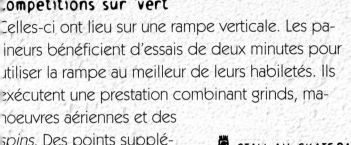

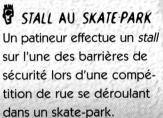

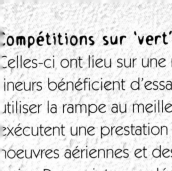

STALL AU SKATE-PARK

Un patineur effectue un *stall* sur l'une des barrières de sécurité lors d'une compétition de rue se déroulant dans un skate-park.

Authentiques compétitions de rue

Ce type de compétition - le plus récent - n'existe que depuis 2001, permet au patineur de se servir de la rue comme lieu de compétition. Ces événements portent l'identification I.M.Y.T.A. (I Match Your Trick Association). Des patineurs spécialement invités pour l'occasion font la démonstration de leurs capacités sur de petits obstacles alors que le concurrent suivant tente de faire mieux. Les concurrents sont progressivement éliminés, et les meilleurs patineurs se qualifient pour passer à l'étape suivante et se mesurer à un plus gros obstacle.

ZIGZAG

La gravité aidant, nombreux sont les patineurs agressifs qui peuvent grinder le long de rails droits. Mais peu sont en mesure de négocier les sections horizontales, surtout lorsque des centaines de personnes les observent!

Les stars du sport

Les patineurs professionnels gagnent leur vie en endossant l'équipement fabriqué par des compagnies particulières et en remportant des prix en argent. Le seul fait de devenir un pro requiert un travail énorme.

Stars de la rue

Aujourd'hui, la plupart des nouvelles figures et manoeuvres proviennent de la rue. C'est donc parmi les patineurs originaux et créatifs de la rue que les compagnies de patin recherchent les stars qui feront la promotion de leurs produits. Ces stars de la rue voyagent de par le monde, participent à des compétitions et à des démonstrations dans des skate-parks et dans la rue.

JOSH PETTY

Josh signe un autographe sur le t-shirt d'un fan lors d'une de ses nombreuses tournées promotionnelles.

Josh Petty

Josh Petty est originaire de Santee, Californie, aux États-Unis. Il est connu comme étant l'enfant sauvage du patin à roues alignées. Son style est rapide, fougueux, et il patine toujours en incluant les plus récents trucs. Il est commandité par des fabricants de patins, de roues et de vêtements parmi les plus importants.

Billy Prislin

Né aux États-Unis, Billy Prislin est un des meilleurs patineurs de rue des équipes International Senate Clothing et Salomon Skate.

BILLY PRISLIN

Billy Prislin a récemment voyagé de par le monde grâce à sa participation au Salomon Safari Tour.

AARON FEINBERG

Une star des vidéos et magazines, Aaron a remporté une médaille d'or des X-Games alors qu'il célébrait son 16e anniversaire. Il est aujourd'hui un patineur de compétition expérimenté et un héros du patinage de rue

Stars du 'vert'

Les patineurs sur rampe verticale sont très respectés au sein de ce sport. Beaucoup de technique et d'habiletés sont requises pour aborder une rampe verticale, et encore plus pour devenir un patineur de compétition sur rampe verticale, en compétition sur le circuit mondial. On compte donc moins de patineurs sur rampe verticale que de patineurs de rue puisque cette discipline est beaucoup plus difficile que celle de la rue.

⚑ CESAR MORA

Cesar Mora est né en Espagne mais il a passé la majeure partie de sa vie à Sydney, en Australie. Il est patineur professionnel sur rampe verticale depuis plus de huit ans. Cesar a préféré le patinage à roues alignées à une carrière de joueur de football. Un pari qui paie!

⚑ FABIOLA DA-SILVA

'Fabby' est née à Sao Paulo, au Brésil. Elle est l'une des plus grandes stars du patinage sur rampe verticale. Elle compétitionne surtout contre les hommes.

GUIDE no 8

UNE VIE DE PRO

Plusieurs personnes souhaitent devenir des patineurs professionnels. Ils ne réalisent cependant pas que c'est une vie exigeante. Les patineurs professionnels sont responsables face à leurs commanditaires qui souhaitent les meilleures performances lors d'événements publics et de salons commerciaux, souvent avec des préavis très serrés. Ils doivent aussi patiner lors de séances de photos pour des publicités, pour les magazines spécialisés et participer à des tournées qui durent chaque fois plusieurs semaines, afin de faire la promotion de leurs commanditaires.

Lors de tournées de patinage, les compagnies offrent souvent des échantillons de leurs produits. Ici, on voit des patineurs se ruer sur ces petits cadeaux offerts par les patineurs professionnels.

⚑ PLEIN À RAS BORD

La vie sur un autobus de tournée peut s'avérer à l'étroit et inconfortable. Et il n'y a pas que les patineurs qui doivent prendre place dans l'autobus : leurs bagages aussi!

Renseignements utiles

Le patin à roues alignées est populaire presque partout, et les amateurs de ce sport produisent des magazines, des DVD et des jeux vidéos à la tonne! Si tu as accès à Internet, tu trouveras à quelques clics un univers excitant ayant pour thème le patin à roues alignées.

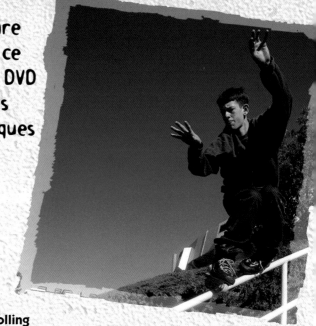

MAGAZINES ET PÉRIODIQUES

UNITY

Chef de file européen des magazines dédiés au patinage agressif. Il contient des papiers et des photos sur tous les plus importants événements, des examens de produits, des conseils utiles et des détails sur les compétitions.
The Blue Barns
Wootton
Oxfordshire, OX20 1HA, Royaume-Uni

Crazy Roller

Installé à Paris, en France, le magazine *Crazy Roller* propose des photos excitantes et surprenantes dans chaque numéro.
16, rue de la Fontaine au Roi
75011 Paris, France

Daily Bread

De San Diego, dans l'État de la Californie, aux États-Unis, ce magazine propose des entrevues avec les meilleurs patineurs et des renseignements sur les produits les plus récents.
705 13th Street
San Diego, CA 92101, USA

Video Groove

Ce magazine vidéo est installé dans le Sud de la Californie, aux États-Unis et il est produit par Dave Paine. Celui-ci apporte sa caméra à toutes les plus importantes compétitions et démonstrations de rue.
Distributeur au Royaume-Uni : Faze-7. Tél. : 01787 269900

JEUX VIDÉO

Aggressive Inline

Ce jeu a été créé par la compagnie de logiciels Acclaim. Il présente de vrais patineurs professionnels, y compris Sven Boekhurst et Matt Salerno. Et vous pouvez leur faire réaliser des trucs défiant toute gravité!
Visite www.acclaim.com

Rolling

Des patineurs parmi les meilleurs au monde ont contribué à la production de ce jeu. Il présente de vrais emplacements de rue et des skate-parks. Tu peux même choisir les vêtements et les patins que portent ton personnage parmi des produits qui sont effectivement vendus en boutique. *Rolling* est disponible pour toutes les consoles de jeu.
Visite www.rollingthegame.com

SITES WEB UTILES

www.aggressive.com

www.pure-skate.com

www.ukskateparks.com

www.roces.com

www.rollerblade.com

www.rollerblading.com.au

www.salomonstreet.com

Toutes les adresses Internet proposées dans ce livre étaient fonctionnelles au moment d'aller sous presse. Toutefois, en raison de la constante évolution d'Internet, il est possible que certaines adresses aient changé et que des sites aient cessé d'exister depuis cette publication. Même si l'auteur et les éditeurs sont désolés de tout inconvénient qui pourrait être causé aux lecteurs, aucune responsabilité n'est assumée face à ces changements par l'auteur ou par les éditeurs.

Glossaire

agressif

en patins, réaliser des cascades, des grinds et des stalls sur des obstacles tels des rails, des murs et des rampes

aérien

propulsion en l'air, ou lorsque l'on quitte la surface de patinage

anti-rocker

type d'installation des roues selon lequel deux petites roues sont au milieu du patin et les plus grosses roues aux extrémités. Ceci permet de grinder plus facilement sur la portion située entre les roues du centre.

roulements à bille

mécanismes installés en paire au moyeu de chaque roue qui permet à la roue de tourner avec le minimum de friction.

constance

fiabilité. Les patineurs constants peuvent répéter le même truc encore et encore.

coping

tuyau métallique au-dessus d'une rampe pour grinder ou staller.

discipline

style de patinage, tel le patinage de rue, de skate-park ou sur rampe verticale

duromètre

mesure de dureté des roues de patins. Les roues plus dures ont une lecture plus élevée au duromètre et conviennent mieux au grindage. 74a est la lecture la plus basse au duromètre alors que 101a est la plus élevée.

élimination

processus permettant de réduire, un à un, le nombre de participants lors d'une compétition de patin.

endossement

appui. Les patineurs professionnels endossent certaines marques de patins en échange d'argent.

fakie

à reculons

flips

sauts périlleux avant ou arrière

grind

glisser sur une rampe

(grinder)

utiliser une portion du patin, sauf les roues, pour glisser sur une surface

installation

façon dont un patin ou ses roues sont placées pour différents types de patinage

invert

toute manoeuvre aérienne inversée

manoeuvre

mouvement, figure

momentum

élan obtenu par le mouvement d'un objet

stall

sauter un obstacle

transition

arc courbé d'une rampe

x-games

importante compétition annuelle se déroulant aux États-Unis, soit à San Diego en Californie, présentant tous les sports extrêmes, y compris le vélo de montagne, le skateboard, le BMX et le patin à roues alignées

air 16
alley-oop Acid
  Miszou 19
arêtes 25
authentique patinage
  de rue 26, 27

béton 17
BMX 11, 24
bottes 9
bottes hybrides 9
bottes rigides 9
bottes souples 9
brainless 18

casques 15
châssis 9
Chicago Skates 6
chuter 12, 14
Coburn, Simon 21
compagnie Rollerblade 8
course 26

Da Silva, Fabiola 29
demi-tuyaux 22, 25
double protection 15
duromètre 8

équipement de protection
  6, 14-15

fabricants de patins 8, 28
fahrvenugen 19, 21
Feinberg, Aaron 28
fishbrain 19
fishbrain en style
  libre 19
flips 18
freinage 13

grab 'ça' (that) 23
grab 180 degrés 22
grab en parallèle 23
grab Lui Kang 19, 23
grab sécurité 23
grab sourdine 23
grabs 4, 10, 18, 19, 23
grind mistral 25
grind sur rampe 21
grind sur rebord 21
grinds 4, 11, 17, 19,
  20–21, 26

Henley, Micajah C. 6
Hollywood 7

inversés ('inverts') 18

Lloyd Webber, Andrew 7

Mora, Cesar 29

Olson, Scott et Brennan 8

paladiums 8
patinage de compétition
  26–27
patinage de rue 4, 10,
  20-21, 26, 28
patinage de vitesse 26
patinage libre 10
patinage professionnel 28-29
patinage sur 'vert' 10,
  15, 22–23, 26, 27, 29
patinage sur glace 6
patins à roues alignées
  6-7, 8
Petitbled,
  Monsieur 6, 8

Petty, Josh 28
piscines creusées 24
Plimpton, James 6
polyuréthanne 8
Prislin, Billy 28
promenades 13
protège-coudes 15
protège-genoux 14
protège-poignets 15

quads 6
quart de tuyau 25

rampes 10, 22, 25
roller hockey 14
roues 6, 8

Salomon 28
saut de toit 21
Senate 28
skateboard 11, 24
skate-parks 11,
  24–25
spin 360 degrés 16
spins 16
stalls 17
Starlight Express 7
surfaces 25
sweatstance 19

transition 22
trucs 16–19
trucs de base 16–17
trucs experts 18–19
tuyaux entiers 25
virage en A 13
virages 13